AF226806

27
L n
22273

ORAISON FUNÈBRE

DE

Mᵍʳ P.-L. PARISIS

ÉVÊQUE D'ARRAS
DE BOULOGNE & DE SAINT-OMER

PRONONCÉE DANS LA CATHÉDRALE D'ARRAS

PAR

Mᵍʳ L'ARCHEVÊQUE DE BOURGES

13 Mars 1866

ARRAS

Nouvelle Librairie Catholique

VICTOR BRUNET, LIBRAIRE-ÉDITEUR,

10, RUE ERNESTALE, 10.

1866

Arras. — Typ. d'Alphonse BRISSY, Impr. de l'Évêché.

ORAISON FUNÈBRE

DE

Mgr P.-L. PARISIS

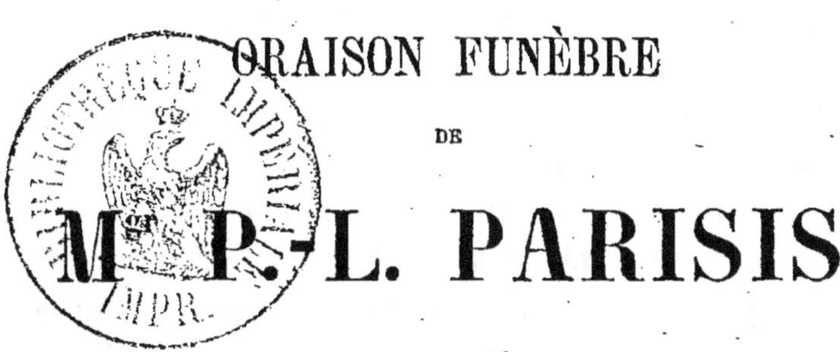

> *Bonum certamen certavi, cursum consummavi, fidem servavi.*
>
> J'ai combattu un bon combat, j'ai consommé ma course, j'ai gardé la foi.
>
> (2. Ep. à Tim. ch. 4.)

ÉMINENCE (1),

MESSEIGNEURS (2),

MESSIEURS,

Un grand Évêque nous a été enlevé ! Touché prématurément de la main de Dieu, alors que ses jours semblaient devoir se prolonger encore, il s'est endormi subitement et tout entier dans le silence de la

(1) Son Éminence Monseigneur le Cardinal MATHIEU, Archevêque de Besançon.

(2) Monseigneur l'Archevêque de Cambrai, Métropolitain, NN. SS. les Évêques de Beauvais, de Nevers, d'Amiens et de Soissons.

mort, et il est allé présenter au souverain Juge une vie vaillante et pleine, telle qu'il convient à un athlète de Dieu et de la sainte Église : *Bonum certamen certavi, cursum consummavi, fidem servavi !*

Depuis huit jours déjà, nous pleurons sur sa dépouille mortelle : mais, grâces à Dieu, nos pleurs ne sont pas sans consolation !

En voyant ces honneurs magnifiques décernés à sa mémoire, cette marche funèbre qui ressemble presque à un triomphe, ce concours immense, cette ville entière soulevée et attendrie, ces hauts dignitaires de l'état et de l'armée, ce clergé nombreux, ces Évêques accourus de loin, ce vénérable Métropolitain, ce prince de l'Église, nous sentons que notre douleur est partagée, universellement partagée ! c'est déjà une première consolation ;..... et puis, n'avons-nous pas l'espérance ?

Quand un Évêque a vaillamment combattu les combats du Seigneur, quand il a grandement et saintement rempli sa carrière, quand il a, d'une main infatigable et ferme, gardé jusqu'au bout le dépôt sacré de la foi, ah ! certes, on est en droit d'espérer pour lui cette couronne de justice que Dieu réserve à ceux qui l'ont servi et aimé sur la terre..... notre douleur n'est donc pas sans consolation !

Toutefois, nos regrets sont bien grands ; pour essayer de les adoucir, jetons un regard sur le Pontife que nous avons perdu. Ce que je voudrais surtout vous montrer en lui, c'est l'Évêque, le grand Évêque ; je voudrais vous le montrer grand dans la lutte, parce qu'il a combattu les bons combats : *bonum certamen certavi* ; grand dans les œuvres, parce qu'il a surabondamment rempli sa course : *cursum consummavi*; grand dans la foi, parce qu'il n'a vécu que pour la garder en lui et dans les autres : *fidem servavi*. C'est à cette triple pensée que nous nous attacherons pour célébrer la mémoire de Monseigneur l'Illustrissime et Révérendissime Pierre-Louis PARISIS, Évêque d'Arras, de Boulogne et de Saint-Omer, décoré du Pallium, comte Romain, assistant au trône Pontifical, Officier de la Légion-d'Honneur et Chevalier du Saint-Sépulcre.

Singulière destinée, Messieurs ! Depuis le commencement de ce siècle, par un privilége unique peut-être, cette grande et illustre église d'Arras, à laquelle me rattachent des souvenirs si chers, n'a pleuré que deux fois encore sur son premier pasteur ; et chaque fois, laissez-moi vous le dire en toute simplicité, j'ai eu ma part d'amertume et de douleur !

Il y a quinze ans, à peine, je fermais les yeux à un Pontife vénéré, auquel j'appartenais par les liens du sang, qui, durant près de cinquante ans, gouverna ce grand diocèse et dont le souvenir, je le sais, vit encore dans bien des cœurs..... Ce même devoir, je l'ai rempli, il y a quelques jours, à l'égard de son successeur, du Pontife que nous pleurons et qui a été pour moi, j'aime à le dire, un second père. Je ne lui appartenais pas, sans doute, par les liens du sang ; mais il en est d'autres, ni moins forts, ni moins tendres : ceux de la reconnaissance et du cœur !.. Et, par ceux-là, ma vie s'était associée à la sienne ! et c'est moi, qui suis appelé, en ce moment, à lui rendre un suprême et douloureux hommage ! — Ah ! je le sens, pour célébrer un grand évêque, il faudrait une grande voix ; du moins, j'apporte ici un cœur dévoué et plein de souvenirs, une parole émue et filiale. Votre indulgence d'une part, vos propres souvenirs de l'autre, suppléeront à tout ce qui me manque. Je vais donc essayer de commander à mon émotion et je commence immédiatement.

Ce qui fait le grand Évêque, Messieurs, avant tout, c'est la grâce de Dieu.

C'est par la grâce de Dieu, disait autrefois saint Paul, *que je suis ce que je suis* (1) ; et, au fond, sa parole n'est que le commentaire inspiré de cette autre parole tombée des lèvres infaillibles du Sauveur : sans moi, vous ne pouvez rien ; *sine me nihil potestis facere* (2).

Mais, en-dessous de la grâce, parmi les dons naturels, je range en première ligne la vaillance du cœur, cette virilité de l'âme, *viriliter age* (3), dont il est si souvent parlé dans la Sainte-Ecriture, et qui a donné à l'Église les Athanase, les Ambroise, les Hilaire, les Grégoire et tant d'autres.

Ici-bas, Messieurs, quand vous rencontrez sur

(1) *Gratiâ autem Dei sum id quod sum.* 1 Cor. 15, 10.
(2) S. Jean 15. 5.
(3) Jos. I. 18. I Parab. 22. 13. etc.

votre route un cœur fier, mais sans orgueil, humble, mais sans faiblesse, ardent, mais sans passion, intrépide, mais sans témérité ; un cœur qui bat pour tout ce qui est beau, noble, pur, grand, généreux ; un cœur qui ne sait pas dévier de la ligne droite, qui ne connaît ni les défaillances de la foi, ni les transactions de la conscience ; un cœur qui lutte sans relâche pour le juste et le vrai, qui combat sans amertume, qui triomphe sans ostentation, qui tombe sans abattement, qui se relève sans retard ; un cœur, enfin, qui, ferme et inflexible dans les principes, se montre néanmoins, dans l'ordinaire de la vie, bon, indulgent et tendre, vous dites : c'est un grand cœur, c'est un cœur vaillant ! — même dans un ennemi, vous lui rendez justice ; dans un ami, vous l'admirez et vous l'aimez !

Et si ce cœur vaillant bat dans une poitrine d'Évêque, associé à une grande intelligence et surtout à l'esprit de Dieu, vous faites plus qu'admirer et aimer ; vous vous inclinez dans les émotions respectueuses de la foi et vous dites en bénissant Dieu : Voilà un grand Évêque !

Tel fut l'Évêque d'Arras.

Né pour les bons combats, il eut au suprême degré la vaillance du cœur, et certes, il en eut besoin ! Pour lui, la lutte commença de bonne heure, dès les premières années, pour ainsi dire.

Il vint au monde, vous le savez, dans la ville d'Orléans, le 12 août 1795. Sa naissance fut humble et obscure ! mais Dieu lui donna des parents chrétiens, une mère surtout, dont il conserva jusqu'à ses derniers moments, un souvenir vénéré — son testament en fait preuve ; — et qui sait si ce souvenir n'a pas inspiré, en partie du moins, ces magnifiques pages sur *la Famille* qu'il envoyait récemment à son diocèse, comme les conseils paternels de sa vieille expérience et qui devaient être, hélas ! ses derniers et suprêmes adieux !

Un bon prêtre, confesseur de la foi, fut son premier maître ; à cette école, ses instincts religieux, éveillés déjà au sein de sa famille, se développèrent naturellement, et, — permettez-moi, en passant, ce détail familier, — le futur évêque de Langres et d'Arras, petit enfant, jouait déjà à *la Chapelle*, tandis que son frère aîné qui devait mourir soldat, jouait à *la Bataille* ! Ainsi se révèlent parfois dès l'enfance les destinées futures !

Placé au collége, il se trouva en face d'une immoralité qui débordait de toute part et qui n'avait pas pour la retenir le frein salutaire de la religion ; car, à cette époque, l'impiété était encore à l'ordre du jour. Pour la première fois son jeune cœur s'indigna ! Heureusement l'épreuve ne fut pas longue ; sa mère, justement alarmée, le mit au petit séminaire d'Orléans qui venait de s'ouvrir. Il y fit sa première communion, il y poursuivit ensuite le cours de ses études. Je passe rapidement sur ces premières années. Bientôt, très-jeune encore, il y devint professeur de troisième d'abord, puis de rhétorique, apportant à ces pénibles fonctions un zèle ardent et infatigable, s'astreignant lui-même, notez bien ce détail, aux *devoirs* qu'il donnait à ses élèves et prenant dès lors cette habitude qui ne l'a jamais quitté, de faire tout sérieusement.

Ordonné prêtre en 1819, il occupa successivement les vicariats de saint Laurent et de saint Paul. Dix ans s'écoulèrent dans ces labeurs obscurs, mais non sans fruit ! Il y jeta les fondements de sa vie sacerdotale. Sa parole ardente, énergique, attira l'attention publique. Il fut chargé, en 1827, de prêcher le panégyrique de Jeanne d'Arc, honneur périlleux dont il se tira avec gloire : un souvenir, offert par la ville d'Orléans, en fait foi. Deux ans après, il était nommé curé de Gien. Ici vont commencer ses grandes luttes.

Il arrive : il trouve une paroisse négligée depuis quarante-deux ans, manquant de tout, de presbytère, d'écoles, d'église ; — l'église tombait en ruines ! — manquant surtout de religion et de piété ; — on montrait au doigt ceux qui se confessaient, et une personne, soi-disant pieuse, à qui l'on parlait de communier tous les quinze jours, répondait naïvement : « Moi ! mais je n'ai jamais fait parler de moi jusqu'ici, je ne suis pas d'humeur à commencer aujourd'hui ! » — Il fallait donc tout faire, tout improviser, tout créer ! et cela sans ressources, sans aide, sans soutien ! — et à trente-trois ans !

Un cœur moins vaillant que le sien eût hésité !.. Il n'hésita pas un instant ! Il vit clairement les difficultés ; mais il vit aussi ce que la gloire de Dieu et le salut des âmes exigeaient de lui. Plein de confiance en Dieu, il se mit immédiatement à l'œuvre, et il marcha droit devant lui. Rien ne put l'arrêter, ni les lettres anonymes, ni les orages préparés, ni les menaces, ni les dangers même : car un jour, en 1830, on voulut, ni plus ni moins, le jeter à la Loire.... Quatre ans après, l'œuvre était terminée; la lutte avait été vive, mais le résultat était complet. Les écoles fondées ou épurées, le presbytère bâti, l'église entièrement reconstruite, et, ce qui est mieux encore, fréquentée par une foule de paroissiens convertis et attirés, enfin des œuvres de charité, nombreuses, fortement constituées et répandant au sein des pauvres, des secours providentiels et bénis, attestaient avec évidence, que les efforts du jeune prêtre avaient été féconds et puissants ! Dieu bénit toujours ceux qui combattent les bons combats : *Bonum certamen certavi.*

Mais d'autres combats l'attendaient sur un autre théâtre. Au mois de septembre 1834, il recevait sa nomination à l'évêché de Langres. Il alla trouver son évêque, Monseigneur de Beauregard, de vénérable mémoire, dont il ne parlait jamais qu'avec émotion; il lui demanda ce qu'il fallait faire : *Mon fils, acceptez, vous serez un grand évêque.* Il accepta, et la prophétie du vieillard s'est accomplie.

En arrivant à Langres, il trouva la terre bien préparée. Un pontife éminent, qui depuis a revêtu la pourpre romaine et que je n'ai pas besoin de nommer, car il est au milieu de nous, l'avait précédé sur ce siége antique et illustré déjà par de saints évêques ; et son passage, quoique rapide, y avait laissé une profonde et ineffaçable empreinte. Mais enfin tout n'était pas fait. Le nouvel évêque se mit à l'œuvre avec ce courage vaillant qui ne le quittait jamais. Je n'entrerai pas dans le récit de ses travaux. La vie d'un évêque qui a au cœur l'amour de Dieu et des âmes,—et tous en sont là,—est tellement remplie qu'il serait difficile de la suivre dans ses détails. En réalité, l'évêque ne s'appartient plus, il faut qu'il se fasse *tout à tous*, comme le grand apôtre, et les jours où il lui est donné de se retrouver seul à seul avec lui-même, sont presque des jours perdus ! Administration, correspondance, tournées pastorales, visites reçues ou à rendre, œuvres à soutenir et à multiplier, pauvres à soulager, conseils à donner, communautés à diriger, séminaires à fonder ou à développer, c'est une série interminable d'occupations diverses qui absorbent la vie ; qu'il nous suffise de dire que le nouvel évêque fut à la hauteur de la tâche. Il comprit qu'il devait être pasteur et docteur de son troupeau ; il s'y dévoua tout entier, et Dieu sait si ses travaux furent bénis ! Mais deux circonstances surtout mirent en relief la vaillance de son cœur ; nous touchons aux temps orageux où furent agitées pour la première fois la question de l'unité liturgique, et celle de la liberté d'enseignement.

Le premier de tous les évêques de France, Monseigneur Parisis eut la gloire de rétablir dans son diocèse la liturgie romaine. Son mandement, en date du 15 octobre 1839, fit une sensation profonde.

A cette époque, la question n'était pas mûre et avancée comme elle l'est aujourd'hui. Les esprits n'étaient pas encore préparés. Aussi son mandement fut-il comme une révélation soudaine, inattendue, intempestive même au dire de plusieurs. Des adversaires illustres se levèrent, des difficultés de toute nature surgirent ; mais l'impulsion était donnée ! la vérité fait toujours son chemin : les obstacles même qu'elle rencontre font jaillir la lumière : et aujourd'hui la question est résolue. Cette grande unité liturgique, partie intégrante de l'unité catholique, touche à un triomphe complet ; et bientôt, nous l'espérons, viendra le jour, où d'un bout du monde à l'autre, la terre catholique ne connaîtra, pour sa prière, qu'une voix, *erat autem terra labii unius* (1), comme elle ne connaît qu'une foi, qu'un Seigneur, qu'un baptême ; comme elle ne connaît qu'un bercail et qu'un pasteur !

Mais la lutte allait changer de face ! L'heure des grands combats pour la liberté d'enseignement avait sonné, et l'évêque de Langres allait grandir de toute la grandeur de la cause à laquelle il devait désormais consacrer son temps, sa plume, son cœur, sa vie tout entière.

Le monopole universitaire existait alors, pesant de tout son poids sur les consciences catholiques ; — je n'en dirai pas autre chose ; je veux écarter, d'une tombe, tous les souvenirs irritants. — Malgré les promesses de la charte, la liberté d'enseignement n'était

______

(1) Gen. ii. 1.

qu'un mot. Des réclamations célèbres étaient restées sans résultats; l'évêque de Langres monte sur la brèche. Le 23 décembre 1843, après avoir longuement prié et consulté, il lance son *premier examen sur la liberté d'enseignement au point de vue constitutionnel et social*, écrit d'une logique serrée et vigoureuse où, sous une forme qui touche presque à la rigueur d'une démonstration mathématique, on sent vibrer un souffle généreux et ardent, et pardessus tout, le cœur d'un évêque qui aime l'Église et qui la défend dans ses droits les plus sacrés. Une fois entré dans la lice, il se prodigue à cette grande cause ; lettres, brochures, démarches, il ne néglige rien : il apporte chaque jour à l'œuvre commencée, des forces nouvelles, de nouvelles lumières. Toutes les questions qui touchent aux intérêts de l'Église, aux libertés chrétiennes, aux droits des familles, sont élucidées avec une incroyable vigueur de raisonnement et de style, soit dans ses *Examens*, soit dans ses *Cas de conscience*, soit dans d'autres écrits qui se multiplient avec une rapidité merveilleuse et dont il me serait impossible, en ce moment, de faire la simple nomenclature....... Les catholiques sentent qu'ils ont trouvé un chef; ils se serrent autour de lui ! Aussi, quand, après la chute de la Monarchie de Juillet, il fallut élire des représentants du peuple, 60,000 voix de la catholique Bretagne acclamèrent l'évêque de Langres et l'envoyèrent à l'Assemblée Constituante (1) !

(1) Les Vosges et les Bouches-du-Rhône proposèrent à

J'abrège, car il faut avancer. Ce grand mouvement aboutit, vous le savez, Messieurs, à la loi de 1850; loi de transaction! Des catholiques nombreux la trouvèrent insuffisante; cela est vrai; tous les droits de l'Église n'y sont pas reconnus; aussi, l'évêque de Langres s'abstint de voter : mais au fond, il eut regretté que la loi n'eût pas passé. Grâce à ses persistantes réclamations, le projet primitif avait été modifié dans des détails importants. Des esprits absolus eussent voulu tout ou rien; il lui parut préférable d'avoir quelque chose, sans avoir tout; — et par le fait, c'est sous l'influence de cette loi que l'enseignement religieux s'est développé, que nos établissements diocésains ont prospéré, que les écoles libres se sont multipliées et qu'une concurrence, sinon égale en toutes choses, au moins possible, a succédé à un monopole oppressif et désastreux pour les âmes.

Au milieu de ces luttes incessantes, le grand Évêque ne fléchit pas un seul instant! Suffisant à tout, et aux affaires publiques, et aux soins de son diocèse, sans souci de ses fatigues ni de sa santé, qui déjà commençait à s'altérer, il sentait, pour ainsi dire, croître sa vaillance avec ses travaux; et, par un contraste singulier, son grand cœur ne subissait aucune atteinte. Aussi insensible aux représailles mesquines, — et il y en eut, je les passe sous silence,

Mgr Parisis la députation; il refusa. Mais son nom était déjà porté sur la liste du Morbihan. Pour ne pas compromettre le succès de la liste, il dut accepter. Il avait, du reste, demandé déjà l'autorisation du Saint-Siége.

— qu'aux attaques passionnées , il restait toujours le même : toujours calme , serein , sans trouble, sans amertume, comme il convient aux défenseurs de la vérité et du droit. Durant cette carrière orageuse et tourmentée, il rencontra des adversaires ; il rencontra surtout des amis..... Presque tous lui furent fidèles ; quelques-uns, cependant, se séparèrent de lui ; à tous, il conserva estime et charité. —J'ai vécu cinq ans dans son intimité, je puis donc en témoigner ; or, je dois cet éloge à son grand cœur ; jamais je n'ai saisi sur ses lèvres une seule parole amère, à l'égard de qui que ce fut ! Des regrets... souvent ! des larmes,... quelquefois ! de l'amertume,... jamais ! Ah ! c'est qu'en servant la cause de Dieu et de l'Église, il mettait sa personne de côté ! c'est que chrétien, prêtre, évêque, il savait imposer à sa nature ardente les bornes du respect et les ménagements de la charité ! Chose rare, Messieurs, dans ceux que l'intelligence et les services rendus placent au premier rang ! Il comprenait qu'on ne fût pas de son avis ! — et il eût cru déroger à la grandeur de sa cause, à la grandeur de sa foi et de son cœur, à la grandeur de son caractère épiscopal, si, pour un dissentiment d'opinion , il eût poursuivi de son amertume un adversaire quelconque, ou même un ami perdu !

Voilà , Messieurs, l'Évêque au cœur vaillant et doux que je voulais vous montrer. — Oui, glorieux Pontife, vous avez eu la vaillance du cœur ! vous avez combattu les bons combats ! *Bonum certamen certavi.* Debout sur la brèche, au temps du danger, vous avez été ardent, intrépide, infatigable !... Venez maintenant vous reposer de la lutte dans des travaux où vous trouverez la mort, mais qui conviennent à votre cœur d'Évêque. La grande église d'Arras est veuve de son premier Pasteur : elle vous appelle, venez ! C'est là que vous accomplirez votre course, *cursum consummavi* ! C'est là que, par des œuvres fécondes et bénies, par des œuvres dignes de votre grand cœur et de votre grande foi, vous allez mettre le dernier sceau à vos mérites devant les hommes et devant Dieu ! — A une vie de lutte, va succéder une vie de grandes œuvres, une vie de grande foi ; et là surtout, vous serez pour nous le grand Évêque que nous avons vu, connu, admiré, aimé, et que nous pleurons en ce moment !

Lorsqu'au jour de la consécration, l'évêque élu se présente à l'église, le prélat consécrateur lui adresse de solennelles interrogations... Voulez-vous, lui dit-il, enseigner votre peuple par la parole et par l'exemple ?

Vis ne plebem cui ordinandus es et verbis docere et exemplis ?.. (Pontif. Rom.)

Voulez-vous garder les traditions de la sainte Eglise ?

Vis traditiones orthodoxorum patrum..... veneranter suscipere, docere, ac servare ?

Voulez-vous rester à jamais dévoué aux choses de Dieu...

Vis semper in divinis esse negotiis mancipatus ?

Et chaque fois le nouvel évêque se levant répond :
volo, je le veux; — Puis, quand toutes ces interrogations sont terminées, le consécrateur ajoute cette bénédiction : « Que le Seigneur vous accorde toutes ses
grâces, qu'il vous garde et vous fortifie dans tout ce
qui est bon, dans tout ce qui est bien », *custodiat te
atque coroberet in omni bonitate !.. (1).*

Ces paroles prononcées sur la tête de Monseigneur Parisis, au jour de son sacre, par un illustre
Pontife, Monseigneur de Quélen, de glorieuse mémoire, devaient être une bénédiction féconde... Jamais vie épiscopale n'a été plus saintement remplie :
jamais pasteur n'a plus fidèlement enseigné son
peuple, par la parole et par l'exemple : jamais pontife
n'a gardé plus religieusement les traditions de la
sainte Église Romaine : jamais Evêque n'a été plus
profondément dévoué aux choses de Dieu !

A Langres, il avait déjà montré comment il en-
tendait la sollicitude pastorale. A Arras, sur un
terrain plus vaste, son zèle ne connaît plus de bornes.
Voulant, avant tout, connaître son immense troupeau,
il se met à parcourir son diocèse dans tous les sens :
dans l'espace de quatre ans, 903 paroisses ou communes
sont visitées. Il confirme deux et trois fois par jour;
il prêche partout, il examine tout par lui-même; il
entre jusque dans les moindres détails, ne s'accordant
ni trève ni repos et prolongeant même quelquefois au-
delà cinquante jours, sans interruption, ses courses

(1) Pontific. Rom. loc. cit.

apostoliques ! Avec une ardeur pareille, il eut bientôt reconnu les besoins de son immense famille. En pasteur infatigable et tendre, il se mit immédiatement à l'œuvre.

Les campagnes appellent d'abord sa sollicitude. Les écoles laissent à désirer ; les écoles de filles surtout sont insuffisantes. Abandonnées à elles-mêmes, ces pauvres enfants, au sortir de la première communion, échappent à l'action du pasteur et de la religion, parce qu'elles n'ont pas pour les réunir et les retenir dans le bien, ces saintes filles de Dieu, formées à l'école de la pauvreté et de l'abnégation, qui portent des noms divers, sœurs de la Providence, de la Sainte-Famille, de la Charité ; mais qui toutes, au fond, se ressemblent pour le dévouement et la tendresse qui les inspirent. Il commence par se servir des éléments qu'il a sous la main : une impulsion puissante est donnée aux communautés déjà existantes ; — les Augustines, les Franciscaines, qui se meurent dans un isolement forcé et fatal, sont, à la suite de laborieux efforts, réunies en congrégations à supérieure générale. Elles reprennent une nouvelle vie : elles s'étendent, elles se développent ; —une colonie de Langres est appelée : les bâtiments de l'ancien Hôtel-Dieu s'ouvrent pour les recevoir ; la Providence d'Arras est fondée ! elle prospère sous la bénédiction du premier Pasteur ! Et, en quelques années, grâce à tous ses efforts réunis, cent nouvelles écoles de filles sont ouvertes dans les campagnes !

En même temps, les religieuses du Bon Pasteur,

les petites Sœurs des pauvres, les Sœurs de l'Enfant
Jésus, d'une part ; de l'autre, les Dames de Nazareth,
les Dames du Sacré-Cœur, et bien d'autres, apportent
à l'œuvre de régénération leur concours dévoué.
Personne n'est oublié, ni les orphelins, ni les aveugles,
ni les sourds et muets. C'est une rénovation générale.

Mais la vigne est immense, il faut des ouvriers
nombreux.

Non-seulement il réorganise ses séminaires, non-
seulement il s'entoure d'hommes éprouvés et fidèles ;
non-seulement il demande à la congrégation diocé-
saine de Saint-Bertin des auxiliaires pieux, savants,
dévoués ; il sent qu'il a besoin, pour le ministère de
la parole, de secours étrangers. Il appelle du dehors
les enfants du B. Paul de la Croix, ceux de S. Liguori,
ceux de sainte Thérèse, les Pères de la Miséricorde, les
Pères Maristes. Chaque fondation vient en son temps,
au moment voulu ; et toutes ces forces, rassemblées
sous sa main comme un levier puissant, impriment
au diocèse un irrésistible élan vers le bien.

D'autres besoins sollicitent en même temps son
attention.

Son œil vigilant a remarqué la pauvreté de cer-
taines églises. Son cœur d'Évêque s'en est ému... comment faire? Quand dans une paroisse, la population
est peu nombreuse, les ressources nulles, la bonne
volonté impuissante ou médiocre, la chose n'est pas
facile... Il ne se décourage pas... Il rassemble autour
de lui, au centre même de sa ville épiscopale, des
âmes d'élite et leur dit: « Vous allez travailler pour les

églises pauvres ; vous retrancherez sur votre temps , sur vos travaux inutiles, sur vos dépenses superflues, sur votre luxe, ce qui est nécessaire pour que le Dieu de nos temples ne souffre pas d'une pauvreté qui ne convient plus à sa gloire... » L'appel est entendu... Il retentit jusqu'aux extrémités du diocèse. Boulogne, Saint-Omer, Aire, Béthune, Montreuil, Calais, Saint-Pol et Hesdin, rivalisent avec Arras de zèle, de goût, de charité, d'ardeur, d'industries pieuses ; et, en ce moment, 705 églises ou chapelles,—permettez-moi ces chiffres, ils ont leur éloquence,—ont reçu de l'Œuvre des Églises pauvres , 13,110 ornements ou objets sacrés !

A côté de cette œuvre , grandit parallèlement une autre œuvre ni moins utile , ni moins pieuse, celle des *pauvres malades* ! Dieu sait que de douleurs ont été adoucies ! que de larmes ont été consolées !.. Bien souvent des secours inespérés et bénis sont venus visiter la couche d'un mourant.

Ces deux œuvres, nées de la même pensée et associées pour le bien , étaient , tout le monde le sait , l'objet de ses soins les plus tendres. Il leur prodiguait son cœur , sa parole.... Ses admirables instructions qu'on ne se lassait pas d'entendre, y entretenaient le zèle, l'ardeur, l'activité ; lui-même y trouvait de douces et saintes consolations ; il se réjouissait surtout de voir Notre Seigneur doublement honoré et dans les églises qui sont ses temples matériels, et dans les pauvres qui sont ses amis et ses temples vivants.

Mais ces œuvres ne peuvent suffire à son ardeur dévorante. Son zèle doit s'étendre à tout.

L'Église d'Arras n'est pas encore revenue à la liturgie romaine. Il s'empresse, comme à Langres, d'ordonner le rétablissement de l'unité liturgique. Lui-même, il veille avec un soin minutieux et infatigable à l'introduction du rit romain ; plein de respect pour les saintes cérémonies dont il a fait une étude spéciale, pour le chant grégorien dont il a tracé les principes et les règles dans une savante Instruction pastorale, il adopte, pour le cérémonial comme pour le chant liturgique, les ouvrages qui lui paraissent le plus conformes aux vrais traditions de l'Église romaine.

Mais tout cela n'est que l'extérieur.... Il veut que les soins de son zèle aillent jusqu'à Notre Seigneur lui-même.... Il veut que Celui dont il n'est que le serviteur soit dignement et grandement honoré. Dès le 26 décembre 1851, dans une Lettre pastorale, où la beauté de la forme s'unit à la doctrine la plus pure et à la plus tendre piété, il insiste sur les honneurs dus à l'adorable Eucharistie. Il rappelle, conformément aux saintes règles de l'Église, que l'on doit toujours faire la génuflexion devant le saint Sacrement ; qu'une lampe doit brûler constamment, nuit et jour, devant lo tabernacle ; il règle tout ce qui concerne le binage, les processions, les expositions, les bénédictions... Ensuite, portant ses soins sur l'*adoration perpétuelle*, rétablie déjà dans le diocèse depuis le commencement du siècle, il cherche à lui donner une nouvelle extension. Il ordonne que le plus grand éclat entoure ces pieuses solennités. Il multiplie à cet effet les avis, les recommandations, les prescriptions... Enfin, persuadé que tout ce qui intéresse le culte de Notre Seigneur et des saints ne saurait être indifférent au cœur d'un évêque, il fonde des confréries, il développe les œuvres locales ; il a des encouragements et des bénédictions pour tout ce qui est bon et utile.— Il s'associe en particulier à cette grande œuvre de Notre-Dame de Boulogne, qui restera comme un monument de la foi et de la persévérance d'un homme de Dieu; il la recommande aux fidèles. Il organise cette magnifique procession de 1857, où quatorze évêques, présidés par un prince de l'Église, assistent au couronnement de la sainte Vierge. L'antique pèlerinage avait repris sa splendeur, et l'évêque d'Arras avait eu la gloire d'y contribuer !

Du reste, Messieurs, il faut le dire, il était admirablement secondé. Il avait autour de lui un clergé bon, pieux, modeste, zélé, sur lequel il pouvait compter, et qui comptait sur lui ! Ah! comme il l'aimait ! comme il en était saintement fier et glorieux !

Pénétré de cette pensée que l'Évêque ne peut quelque chose que par ses prêtres, il entretenait avec eux des relations fréquentes. Conférences, synodes, retraites pastorales, il saisissait toutes les occasions de les voir, de se rapprocher d'eux, de leur faire entendre les conseils de sa haute expérience, de leur montrer surtout que le cœur d'un Évêque est assez large pour embrasser tous ses prêtres.

Vous souvient-il en particulier, Messieurs, de ces retraites pastorales où, exact comme un séminariste, le premier à tous les exercices, il écoutait avec vous la parole sainte, unissant son recueillement, ses méditations, ses prières aux vôtres ? Et puis, de temps en temps, le matin surtout, après sa messe, il prenait lui-même la parole! Oh! comme ses instructions fortes et émues pénétraient au fond des cœurs! Il me semble les entendre encore, ces accents graves et solennels qui retentissaient dans les âmes comme la voix de Dieu!

Et pendant qu'il s'occupait ainsi de vos âmes, comme il s'intéressait à tout ce qui vous concernait, à vos peines, à vos joies, à vos œuvres, à vos églises, à vos presbytères, à vos fabriques même! Que d'instructions solides et lumineuses à cet égard! Comptez les églises construites ou réparées, ou agrandies, grâce à ses conseils ou à son impulsion! Je ne crois pas exagérer en portant à 70 le nombre des constructions nouvelles qui ont marqué son passage parmi vous! Quant aux églises simplement restaurées ou agrandies, et aux presbytères, je n'en parle pas, leur nombre m'échappe.

Et au milieu de toutes ces œuvres locales, les grandes œuvres, les œuvres générales n'étaient pas négligées!

La Propagation de la Foi, la Sainte-Enfance, dont il était le Président, prenaient dans son diocèse des proportions jusqu'alors inconnues! son zèle suffisait

à tout. Ah ! Messieurs, vous aviez un grand Evêque !
ne l'oubliez jamais !

Ne l'oubliez pas non plus, vous, peuple chrétien, qui
faisiez l'objet incessant de ses sollicitudes pastorales,
et qu'il désirait tant maintenir dans les sentiers de la
vertu et du ciel ! Comme son cœur débordait quand
il vous parlait ! Quel zèle pour les intérêts de vos
âmes ! Avec quel soin vigilant, il vous signalait
le danger en vous conjurant de l'éviter ! Ah ! sa
plume n'avait pas vieilli ! Elle avait conservé sa
vigueur d'autrefois ! Rappelez-vous ses Mandements
sur la Sanctification du Dimanche, la Pénitence, la
Justice de Dieu, les devoirs des Pères et Mères,
la Douleur, et tant d'autres ! Comme on y sentait le
docteur et l'apôtre ! Comme sa parole réveillait en
vous l'admiration et la foi ! — Rappelez-vous encore
ses énergiques protestations en faveur du pouvoir tem-
porel du Saint-Père, ses accents indignés à la vue
des spoliations dont il était l'objet ! — Enfin, quand
un écrit doublement sacrilége, vint consterner les
âmes chrétiennes, vous souvient-il encore de sa
grande voix s'élevant pour venger la divinité outragée
de Notre Seigneur Jésus-Christ ? Un auguste suffrage
lui apprit bientôt que ses efforts pour la défense
de notre sainte religion étaient hautement appréciés !
Du reste, le souverain Pontife, le pasteur des pas-
teurs, avait déjà, depuis longtemps, jugé votre grand
Evêque. Dès 1852, par une faveur spéciale, il lui avait
envoyé le Pallium, ce suprême insigne de la dignité
épiscopale.

Au milieu de ces travaux continus, Dieu qui se plait à traiter grandement les grandes âmes, lui réservait une grande joie et une grande douleur.

En 1860, un pauvre mendiant, originaire de ces contrées, qui était allé mourir à Rome, à la fin du siècle dernier, était élevé aux honneurs des autels. Au mois de mai, dans la Basilique de Saint-Pierre, avait lieu avec les splendeurs accoutumées, la béatification de Benoît-Joseph Labre... L'Evêque d'Arras s'y rendit..... Dire sa joie, son émotion, son saisissement même, quand aux pieds du Saint-Père, il essaya d'exprimer sa reconnaissance, pour l'honneur insigne fait à son diocèse, dans la personne de ce pauvre pèlerin béatifié, est chose impossible... et pourtant ce n'était encore que le commencement de sa joie !—Le 15 juillet suivant, les reliques du bienheureux Benoît Labre faisaient leur entrée dans la ville d'Arras. 100,000 fidèles étaient là pour les recevoir, ayant à leur tête vingt-cinq évêques et un innombrable clergé. Durant quatre heures, une de ces admirables processions dont nos contrées du Nord ont le secret, préparée longtemps à l'avance par des soins aussi intelligents que dévoués, défilait dans un ensemble parfait, dans les rues de la cité transformée et joyeuse... Et puis les grandes voix de l'épiscopat se faisaient entendre. Le pauvre mendiant était exalté... L'Evêque d'Arras était au comble de la joie.... Jamais, lui disait, les larmes aux yeux, l'éminent cardinal qui nous préside en ce moment, je n'ai vu de fête plus belle !...

A la joie devait succéder une grande douleur, mais

une de ces douleurs comme Dieu en prépare à ceux qui l'aiment et qui sont toujours suivies d'une grande consolation. C'est ici, Messieurs, que je vais vous parler de l'œuvre capitale de Monseigneur Parisis parmi vous, vous m'avez déjà compris, de son petit Séminaire.

En arrivant à Arras, il avait été frappé de l'insuffisance des bâtiments du petit Séminaire... Pendant cinq ans, il chercha vainement le remède à cette situation... Tout-à-coup, une occasion se présente, il achète de vastes terrains... Il s'adresse à son diocèse; on lui répond avec une générosité sans égale. Les bâtiments s'élèvent comme par enchantement, et trois ans ne s'étaient pas écoulés que 400 élèves habitaient ce magnifique édifice.— Il y avait à peine quinze jours que la dépense totale avait été soldée, qu'un incendie éclate et dévore en une nuit l'œuvre de plusieurs années! Des fenêtres de son palais, le pauvre Evêque put voir le ciel rougi et en feu!.... Quelle fut sa douleur? Nul ne pourrait le dire... Mais ce que je puis dire, car j'en fus témoin, elle fut sans abattement. A la lueur même de l'incendie qui dévorait son œuvre de prédilection, d'une main émue et tremblante, mais courageuse comme aux grands jours de lutte, il adressait à son diocèse une de ces Circulaires qu'on ne peut lire sans attendrissement. . Les fidèles comprirent ce qu'ils devaient à leur Évêque. Deux mois après, les fonds nécessaires pour la reconstruction étaient assurés... Le cœur de l'Évêque était consolé dans sa douleur !

Les constructions sont terminées aujourd'hui....

Une splendide et élégante chapelle les couronne...
C'est assurément un des plus beaux petits Séminaires
de France. Nous le visitions dernièrement. En
parcourant ces bâtiments solides et somptueux, ces
salles immenses, ces dortoirs si sains et si vastes,
nous admirions ! Nous arrivâmes à la chapelle,...
nous nous mîmes à prier. Notre prière finie, nous
nous relevions quand le prêtre vénérable qui nous
accompagnait, nous dit : « C'est ici que Monseigneur
devait venir confirmer nos enfants le quatrième
dimanche de carême... » — C'était dimanche dernier,
Messieurs ! — « Il était venu, ajouta-t-il, pour voir
d'où il parlerait à nos enfants... » Ah ! chers enfants
du petit Séminaire, je ne sais si ma voix parvient jusqu'à vous... Vous le voyez, vous avez été une des
dernières préoccupations de votre Évêque... Il comptait venir au milieu de vous dimanche dernier ! Mais
hélas ! sa course était accomplie. *Cursum consummavi*. Dieu l'avait déjà appelé au repos éternel !
Du moins, s'il ne vous a pas été donné d'être confir-
més par lui sur la terre, que son souvenir, et, pour-
quoi ne l'ajouterais-je pas, que sa prière au ciel vous
confirme à jamais dans tout ce qui est bon, pur et
saint, dans la foi, dans la vertu, dans l'amour de Dieu !

Et maintenant, Messieurs, que le grand Évêque a
acompli sa course, *cursum consummavi*, maintenant
qu'il touche au terme d'une vie vaillante et pleine,
d'une vie de grandes luttes et de grandes œuvres,
n'est-il pas permis de se demander où il puisait ce zèle,

cette ardeur, cette activité dévorante?... Messieurs,
dans la foi, dans son esprit de foi, *fidem servavi.*
Grand dans la lutte, grand dans les œuvres, il était,
j'ose le dire, plus grand encore par sa foi.

C'était, avant tout, un homme de foi. Cette foi, il
l'avait reçue au berceau ; il l'avait sucée avec le lait
de sa mère ; il l'avait gardée dans son enfance... dans
l'âge mûr, elle poussa en lui des racines profondes,
indestructibles, et quand l'onction pontificale eut bai-
gné son front, portée au degré suprême, agissant sur
un cœur et une intelligence d'élite, elle lui ouvrit l'ho-
rizon surnaturel des choses et lui inspira les grandes
pensées et les grandes œuvres. — De là cette ardeur
pour le bien, ce zèle pour la gloire de Dieu, pour la dila-
tation de son empire! De là ces habitudes sérieuses qui
fortifient l'âme, cette vie austère et réglée qui double
le temps et permet de suffire à tout. De là ce sen-
timent si haut de la dignité épiscopale qui ne l'aban-
donnait jamais ! — Auprès de lui, on sentait toujours
qu'on était auprès d'un Évêque. — De là, cette exactitude
à tous ses devoirs, ces prières prolongées, ces pra-
tiques d'humilité et de piété qui gardent si bien la foi!
De là, ces travaux incessants pour la garder dans les
autres, *fidem servavi!*

De là surtout, deux amours qui ont partagé son cœur
et sa vie : l'amour de l'Église, l'amour de son diocèse!

L'Église, oh! comme il l'aimait !... comme il était
profondément attaché à cette sainte Église romaine,
la mère et la maîtresse de toutes les églises du monde!
comme il était dévoué à son chef suprême ! comme

il participait à ses peines, à ses afflictions, à ses douleurs ! comme il cherchait à les adoucir ! Chaque année, 100,000 fr. partaient de son diocèse pour aller soulager la plus auguste des infortunes !

Et son diocèse, comme il l'aimait ! comme il en était fier devant Dieu ! le jour, la nuit, présent ou absent, il y pensait sans cesse; il n'avait pas d'autre pensée : il y avait mis son cœur, sa vie, c'est tout dire !

Ah ! j'en suis sûr, si, en ce moment, brisant les froides murailles de son cercueil, il lui était donné d'apparaître au milieu de nous, et de nous dire quelques-unes de ces paroles émues qu'il savait si bien tirer de son cœur, il ne nous parlerait ni de ses grandes luttes , ni de ses grandes œuvres, ni de ses grandes joies, ni même de ses grandes douleurs ! Non ! —il nous dirait tout simplement : « J'ai aimé l'Église, j'ai aimé mon diocèse !... mon cœur d'Évêque n'a jamais connu d'autres amours ici-bas... J'ai aimé l'Église comme ma mère ; j'ai aimé l'Église d'Arras comme mon épouse ! La première m'avait donné le jour; je lui ai donné ma vie ; la seconde m'avait donné son obéissance et sa foi; je lui ai donné mon cœur !.... Heureux ceux qui meurent en aimant leur épouse et leur mère ! car ils meurent dans le Seigneur !

Hélas ! Messieurs, ce langage , qui irait si bien sur ses lèvres , n'est qu'une fiction ! La triste réalité est là pour nous dire qu'il ne nous reste plus du grand Évêque qu'une poussière inerte et glacée, que des débris inanimés et silencieux!

Il est donc mort, ce vaillant athlète qui a combattu

les bons combats , qui a consommé sa course, qui a gardé la foi! il est donc mort , ce Pontife au cœur intrépide et doux, si grand dans la lutte , si grand dans les œuvres , si grand dans la foi ! Semblable à ces guerriers illustres qu'un boulet de canon frappe en pleine poitrine et emporte au sein de la victoire, il est tombé les armes à la main. Un seul coup , rapide et prompt comme la foudre, l'a touché au front.... et il est mort, tout entier, sans assister aux défaillances de la nature. Ah ! j'ose le dire, c'était la mort qui lui convenait ! D'ailleurs, quand on est prêt, et un évêque doit l'être toujours, la mort subite est une grâce ; c'est s'endormir sur le champ de bataille pour se réveiller dans la gloire !

C'est là, Pontife vénéré, où notre foi aime à vous contempler. C'est là qu'un jour , nous en avons l'espoir, nous vous reverrons ! Mais, en attendant, nous devons vivre de souvenirs et de regrets... Ah ! du haut de ce ciel où nos prières vous introduiront bientôt si vous n'y êtes déjà, priez pour cette Église de Dieu que vous avez tant aimée !.... priez pour son chef vénéré qui a béni votre dernière heure !... priez pour cette Église d'Arras, qui fut la couronne et la gloire de vos vieux jours!..priez pour vos frères dans l'épiscopat, qui admiraient en vous un vétéran des grandes luttes et un modèle de vertus épiscopales !... priez pour ces prêtres qui vous aimaient comme leur père !.... priez pour ces pieux fidèles à qui vous avez montré si souvent le chemin de la vertu et du ciel !.... priez pour tous ceux qui luttent, qui travaillent, qui gardent la foi, qui souffrent, qui aiment, qui espèrent !

Et maintenant, glorieux Pontife, adieu ! Adieu au nom de l'Église que vous avez défendue ! adieu au nom de ce diocèse que vous avez illustré ! adieu au nom de vos innombrables enfants qui ne vous oublieront jamais ! adieu enfin au nom de tous ceux qui vous ont connu, aimé, admiré, jusqu'au jour où nous vous reverrons dans l'éternité bienheureuse !

Arras. — Typ. d'Alphonse Brissy, Impr. de l'Évêché.